AF495234

MÉMOIRES ET NOTES

SUR L'EMPLOI DE

L'ARTILLERIE NAVALE

PAR

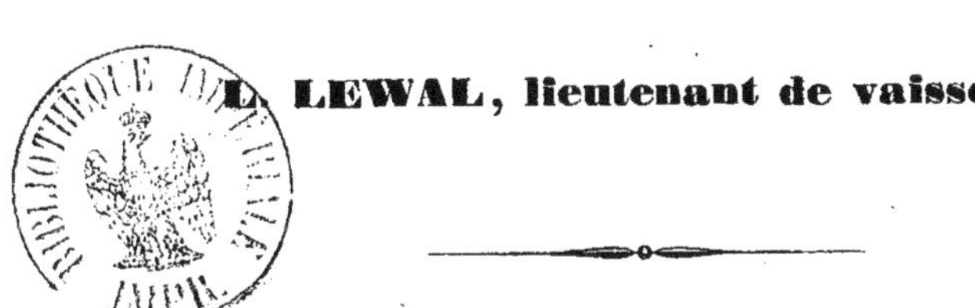

L. LEWAL, lieutenant de vaisseau.

L'importante collection dont la publication vient de commencer sous ce titre, renferme des travaux consciencieux, approfondis et exclusivement pratiques, sur la plupart des questions que soulève l'emploi de l'artillerie navale ; questions qui ont un si haut intérêt pour l'arme de la marine.

Ces travaux ne sont pas des compilations, mais des études personnelles à l'auteur. Il prend la responsabilité des opinions qu'il exprime, des propositions qu'il formule, et, en entreprenant cette publication, uniquement destinée aux officiers de la marine, il croit pouvoir compter sur la sympathie et les encouragements de ses camarades.

Il eût été possible de réunir et de coordonner dans un seul ouvrage les études et les recherches auxquelles l'auteur s'est livré depuis dix ans ; mais

DÉPOT. A Toulon, chez RUMÈBE, libraire sur le Quai.
A Paris, chez ARTHUS BERTRAND, rue Hautefeuille, 21.
Et dans les ports de Cherbourg, Brest, Lorient et Rochefort.

2e SÉRIE. — N° 1.

il a préféré les laisser, sans y rien changer, sous la forme de mémoires détachés et de notes qu'il leur avait primitivement donnée, à diverses époques, pour les présenter à l'examen du Conseil des travaux de la marine ou de diverses commissions.

Le prix minime de chaque brochure ou numéro en facilitera l'acquisition et permettra à chacun l'étude isolée des sujets et des questions spéciales qui l'intéressent plus particulièrement.

Toutes les parties de cette publication, dont l'ensemble a réellement un caractère d'unité, sont indépendantes l'une de l'autre. Chaque mémoire ou brochure, renferme en général une étude complète sans liaison directe et nécessaire avec les autres. Par l'étendue même des matières, la publication ne saurait être que successive, et elle a commencé par les numéros qui ont le plus d'actualité ou une utilité plus immédiate, sans suivre l'ordre des matières indiqué ci-après :

1re SÉRIE. — Etudes diverses sur le matériel et son emploi.

---

1. — Recherches théoriques et pratiques sur l'étendue du champ de tir horizontal et vertical des bouches à feu de la marine; les dimensions de l'écartement de leurs sabords, les formes et dimensions des coussins et coins de mire, des croissans, des adens de l'affût, etc. (Octobre 1853.)

2. — Expériences comparatives entre divers écouvillons. (Juillet 1854.)
Expériences relatives à diverses espèces de gargousses. (Janvier 1855.)
Note sur l'inflammation accidentelle des gargousses. (Juillet 1854), avec addition en mai 1857.)
Note sur les culots et les crasses. (Janvier 1855.)

3. — Résumé d'expériences sur les étoupilles à frictions. (Avril 1858.)
Agrandissement des lumières des bouches à feu marines. (Janvier 1856).
Note sur les valets, les tampons et les bouchons. (Novembre 1860.)
Note sur les bragues.
Note sur les sabots.

4. — Note sur l'installation du vaisseau anglais l'*Orion*. (Novembre 1859.)
Note sur l'installation des vaisseaux anglais le *Neptune* et le *Cæsar* et divers autres bâtiments de guerre. (Juin 1360.)
Renseignement sur le vaisseau anglais *Excellent* (école des canonniers). 1856.

2e SÉRIE. — Instruction des batteries des vaisseaux.

1.* — Pointage et chargement des pièces de mer. (Juillet 1852).

2. — Instruction sur les exercices, les manœuvres et les tirs des batteries des gaillards des vaisseaux. (Décembre 1859.)

3. — Guide pour l'instruction d'une deuxième batterie de vaisseau. (Février 1861.)

3e SÉRIE. — Tir à ricochet; Tir convergent; Tir précipité.

1. — Considérations pratiques sur le tir à ricochet à la mer. (Août 1854, avec additions en avril 1857.)

2. — Exposition du système du tir convergent. (Avril 1854.)

3. — Installation du tir convergent; graduation à la planchette; tables de graduation. (Juin 1855.)

4. — Discussion du système du tir convergent et des résultats fournis. (Octobre 1857.)

5. — Note sur le tir convergent à volonté. (Septembre 1856).
Note sur le tir précipité. (Janvier 1857.)
Historique du tir convergent.

4e SÉRIE. — Questions diverses relatives à l'artillerie.

1. — Mesure de la distance de l'ennemi dans le combat. (Mai 1857, avec additions en août 1860.)
Note sur la mesure des grandes distances à la mer. (Mai 1859.)

2. — Déviations des projectiles dues à la vitesse du bâtiment; tables. (Juin 1859.)
Note sur les curseurs supplémentaires à déviation. (Février 1861).

3 — Installation des passages des poudres et projectiles, sur les vaisseaux le *Henri IV* et l'*Algésiras*. (1852-56.)

4. — Données d'expérience sur le tir des pièces de la marine ; recueillies en 1853-54-55, à bord des bâtiments-écoles l'*Uranie* et le *Suffren*.

5e SÉRIE. — Etudes sur la tactique de combat.

1. — Note sur les qualités d'évolution des vaisseaux à hélice ; expériences à faire pour les constater. (Avril 1860.)

2. — Etude historique sur le pointage et le tir des vaisseaux.

3. — Histoire technique des principaux combats de mer.

4. — Etude des évolutions et des manœuvres de combat, pour des bâtiments isolés.

5. — Etude des évolutions et des manœuvres de combat, pour des bâtiments réunis en escadres.

NOTA. — Les numéros qui ont paru sont marqués d'un astérisque.

MÉMOIRES ET NOTES

SUR L'EMPLOI DE

L'ARTILLERIE NAVALE.

MÉMOIRES ET NOTES

SUR L'EMPLOI DE

L'ARTILLERIE NAVALE

PAR

L. LEWAL, lieutenant de vaisseau.

DEUXIÈME SÉRIE.

(INSTRUCTION DES BATTERIES.)

N° 1.

POINTAGE ET CHARGEMENT DES PIÈCES DE MER.

(NOVEMBRE 1853.)

PUBLICATION AUTORISÉE PAR S. E. LE MINISTRE DE LA MARINE ET DES COLONIES.

PRIX : 1 FRANC.

TOULON,

TYPOGRAPHIE ET LITHOGRAPHIE D'E. AUREL, RUE DE L'ARSENAL, 13.

1864.

I.

A bord d'un bâtiment de guerre l'emploi de chef de pièce doit être rempli par un canonnier breveté. Lorsque les deux bords sont armés, un second chef de pièce devient nécessaire et en tenant compte des chances nombreuses qui peuvent mettre un de ces hommes hors de combat, on est amené à conclure que l'armement normal d'une pièce doit renfermer trois hommes aptes à remplir au besoin les fonctions de chef de pièce.

Actuellement, malgré le petit nombre des armements, il est rare qu'on trouve à bord des vaisseaux deux canonniers brevetés à la même pièce, il est bien plus commun au contraire de voir des quartier-maîtres canonniers occupant l'emploi de chef de pièce (1).

Le cadre des matelots-canonniers est insuffisant; cela est certain, mais fût-il même établi sur de plus larges bases, après quelques combats, il ne pourrait plus fournir trois hommes par pièce et l'on se retrouverait dans des conditions qu'il serait bon de prévoir et de modifier dès à présent.

Il faut donc, à bord des vaisseaux même, pouvoir former trois hommes par pièce à remplir les fonctions de chef de pièce.

(1) Nous rappelons que ce mémoire a été écrit en 1853.

Pour former ces hommes, quel mode d'instruction devra-t-on suivre? En fera-t-on des canonniers consommés ou bien les exercera-t-on à remplir les fonctions du pointage et du tir dans les circonstances normales seulement, sans les habituer aux cas particuliers et exceptionnels, aux manœuvres de force, réparations des avaries, précautions et soins de toutes natures qui constituent une grande part de l'instruction du véritable canonnier?

En se basant sur les facilités que donne l'état de paix et le séjour de trois ans au moins que les hommes font à bord, on résoudrait la question dans le sens d'un enseignement lent et complet. Mais en considérant qu'au début d'une guerre, nos vaisseaux armés à la hâte seront obligés de sortir et de combattre, deux mois peut-être après leur entrée en armement, chaque pièce n'ayant qu'un ou deux canonniers brevetés au plus ; on reconnaîtra qu'il est indispensable de mettre en usage une méthode simple et sommaire pour donner à trois ou quatre hommes par pièce l'instruction strictement indispensable afin qu'ils puissent pointer les pièces et les tirer avec succès en l'absence des chefs de pièce brevetés qui font défaut.

Selon nous cette instruction indispensable comprend uniquement la charge et le pointage. Le point essentiel et capital est d'exercer les hommes à tirer un coup de canon le mieux possible dans le plus court espace de temps possible.

Mais les mouvements de la charge et du pointage étant supposés réduits à la plus grande simplicité possible, il faut que les hommes y soient si rompus qu'ils les exécutent pour ainsi dire d'instinct.

La charge proprement dite est exécutée actuellement avec une perfection difficile à dépasser, mais il n'en est pas de même de la partie la plus importante, le pointage.

En effet, la moyenne durée du temps employé à tirer un coup de canon dans les circonstances favorables, est de deux minutes à bord de la frégate-école et va jusqu'à deux minutes et demie et même trois minutes à bord des vaisseaux de l'escadre, et comme la charge s'exécute en quarante secondes au plus, il faut attribuer ce résultat médiocre à la lenteur du pointage. On peut observer d'ailleurs que partout il y a hésitation et tâtonnement dans les pointages.

Il faudrait donc insister beaucoup sur la pratique du pointage, et c'est ce qu'on néglige actuellement, faute de moyens d'exercice sans doute.

Lorsqu'on voit l'armée former des tireurs adroits avant même de leur avoir fait brûler une cartouche, on regrette vivement qu'à bord de nos vaisseaux des hommes qui n'ont que des notions très-confuses du pointage et du tir de l'artillerie (1), dépensent en pure perte pour eux et pour l'Etat, la petite quantité de munitions qu'il nous est donné de consommer dans les exercices à feu.

Les résultats obtenus par l'emploi d'une école de tir méthodique appliquée au fusil, suggèrent donc naturellement l'idée d'employer une méthode analogue pour former au pointage et au tir les servants de nos pièces.

Nous avons donc rassemblé les principes épars dans les instructions officielles et exercices règlementaires, et de plus nous avons pris pour guide l'école de tir du fusil, dont l'armée fait usage avec tant de succès depuis quelques années, et dont l'introduction à bord des vaisseaux est toute récente.

On comprend toutefois que l'analogie que nous avons voulu établir entre l'école de tir d'infanterie à terre et l'école de pointage à bord ne puisse être complète.

D'abord, les mouvements variés du navire motivent des exercices différents de ceux qu'on peut exécuter avec fruit à terre.

Ensuite, le pointage d'un canon exigeant le concours de plusieurs hommes, il est urgent d'établir préalablement entre eux une harmonie parfaite. Les servants pointeurs doivent s'associer spontanément à la pensée du chef de pièce ; il faut qu'ils interprêtent son signe et exécutent rapidement le mouvement qu'il indique, de manière à le rendre complètement maître de sa pièce, devenue alors pour lui presqu'aussi maniable qu'une arme soumise comme le fusil, à la direction d'une seule intelligence et à l'action d'un seul corps.

Mais, ainsi que dans l'école de tir on emploie un chevalet, une cible, une bougie à éteindre, etc., dans le but de vérifier si les hommes comprennent et appliquent régulièrement les principes que l'instructeur leur a donnés, de même nous employons un instrument en usage dans la marine anglaise, introduit dans la nôtre par M. Dorré, lieutenant de vaisseau, et qui, à bord d'un vaisseau où nous l'avons vu fonctionner a donné des résultats satisfaisants.

(1) Les canonniers non brevetés qui remplissent les fonctions de chef de pièce.

Cet instrument, nommé mire mobile, se compose essentiellement d'une cible ou mire susceptible d'imiter par ses mouvements, les mouvements apparents d'un objet flottant produits par les roulis, le tangage et les embordées du bâtiment.

Une telle méthode d'enseignement du pointage et du tir, quoique spécialement destinée à former promptement les hommes à bord des vaisseaux, ne serait peut-être pas inutile à l'instruction des matelots canonniers eux-mêmes.

Il serait donc à désirer qu'une instruction conçue dans ce sens devint réglementaire.

II.

Lorsqu'une pièce est chargée, pour tirer juste et vite, il faut :

1° Diriger exactement la ligne de mire sur le but de la façon la plus simple, c'est-à-dire la plus prompte possible, de là, nécessité d'étudier les moyens mécaniques du pointage ou la manœuvre des anspects et le maniement du coussin et du coin de mire, et ensuite, le pointage sur un but fixe ou mobile ;

2° Se procurer la ligne de mire la plus convenable pour les circonstances données du tir : de là, nécessité de connaître la théorie du tir, la graduation des hausses et les divers pointages usités ainsi que les principes de pointage et de tir.

D'après ces considérations, l'instruction comprendra quatre leçons :

1re Leçon : Maniement des anspects, coussins et coins de mire.
2me — Pointage à la mire fixe.
3me — Pointage à la mire mobile.
5me — Théorie du tir, hausses, pointages divers.

PREMIÈRE LEÇON.

Maniement des anspects, coussin, et coin de mire.

L'instructeur ayant réuni ses hommes à l'une des pièces de la batterie à laquelle ils appartiennent, formera les servants à la manœuvre des anspects, il leur apprendra comment ils doivent s'en servir, soit pour pointer en hauteur, soit pour pointer en direction.

Il enseignera ensuite au chef de pièce l'attitude qu'il doit prendre pour pointer, soit en hauteur, soit en direction, et comment il doit manier le coussin et le coin de mire.

Ces mouvements ayant été exécutés séparément, il les fera recommencer simultanément par le chef et les servants ; il apprendra au chef à diriger les servants au moyen des signes convenus et aux servants à comprendre les indications du chef.

DEUXIÈME LEÇON.

Pointage à la mire fixe.

L'instructeur placera la mire à l'une des extrémités d'une batterie ou du pont ; il disposera une pièce à l'autre extrémité et la pointera directement sur le but.

Il fera venir les hommes l'un après l'autre, leur expliquera comment on doit viser, et leur fera regarder comment la pièce est pointée.

Lorsque tous auront passé, il la fera pointer successivement par chaque homme en hauteur, puis en direction. Chacun recommencera jusqu'à ce qu'il ait pointé exactement.

TROISIÈME LEÇON.

Pointage à la mire mobile.

La mire et la pièce étant disposées comme précédemment, on armera la batterie de la mire mobile, et on communiquera à celle-ci un mouvement lent et varié analogue à celui du bâtiment lui-même sous l'action du vent et de la mer ; chaque homme sera exercé à tirer la détente au moment convenable.

L'instructeur indiquera au chef de pièce quand et comment il doit faire feu.

Chaque homme recommencera jusqu'à ce qu'il fasse tomber le chien plusieurs fois de suite près du zero de l'instrument.

QUATRIÈME LEÇON.

Théorie du tir, hausses, pointages divers.

L'instructeur enseignera aux hommes ce qu'on entend par axe de la pièce et ligne de tir, il leur expliquera l'effet de l'abaissement du boulet et comment on en tient compte au moyen des hausses.

Après avoir passé légèrement sur ces détails, il leur montrera comment est graduée une hausse et les exercera à la placer promptement et sans hésitation au cran convenable pour la charge, le projectile et la distance qu'il indiquera. Il variera fréquemment ces indications et s'assurera que chaque homme les connaît toutes.

Il enseignera ensuite ce qu'on entend par pointage en belle, direct, oblique, en plein bois, à couler bas, à ricochet et leur fera exécuter ces divers pointages.

Enfin, il leur expliquera et leur fera exécuter le pointage convergent.

III.

Nous n'avons pas trouvé suffisante la description des mouvements insérée dans les exercices actuels. Trop détaillés, en effet, pour des exercices d'ensemble, ces derniers le sont trop peu pour des exercices particuliers.

Un exercice d'ensemble doit énumérer les mouvements et non les décrire.

Un exercice de détail au contraire doit analyser et décrire chaque mouvement avec la plus grande exactitude.

C'est ce que nous avons essayé d'obtenir.

Qu'on n'oublie pas que l'école de pointage est destinée aux vaisseaux où les instructeurs ont souvent perdu de vue depuis longtemps l'excellent enseignement de la frégate-école et que la tradition s'altère ainsi peu à peu. Il faut donc une tradition écrite et de là les détails minutieux de la rédaction proposée.

On a détaillé d'ailleurs aussi minutieusement l'école du soldat, et cependant le fusil est une arme d'une importance bien moindre que le canon.

Pour la charge comme pour le pointage, nous donnons une rédaction plus détaillée que celle de l'exercice ; rien n'est indifférent dans les mouvements qui composent les manœuvres de l'artillerie à bord, et il est bon que les instructeurs aient sans cesse un guide sous les yeux.

Tout ce qui est dit ici est d'ailleurs conforme au mode d'instruction traditionnel à bord de la frégate-école, à part deux ou trois principes de pointage sur la valeur desquels la commission aura à se prononcer.

Telle qu'elle est cette rédaction peut donc servir à l'instruction des classes arriérées. Elle suppose qu'on prend des hommes neufs et qu'on les amène à tirer un bon coup de canon.

Pour les mouvements d'ensemble ou ceux dont les détails sont moins importants, nous renvoyons aux exercices règlementaires.

IV.

L'école de pointage doit être faite en dehors des exercices du canon et comme exercice des classes arriérées. Les chefs de pièce et les chargeurs de droite et de gauche en feront toujours partie ; on y fera passer d'ailleurs le plus d'hommes possible.

Chaque instructeur prendra douze hommes au plus armant une ou deux pièces selon les mouvements à exécuter.

Durant le cours des deuxième et troisième leçons, une moitié des hommes fera l'exercice de la mire mobile et l'autre moitié l'exercice de la charge au détail.

On n'exigera pas des instructeurs qu'ils répètent mot à mot le détail des mouvements tel qu'il est donné ici ; la rédaction est seulement destinée à leur rappeler la manière correcte d'exécuter ces mouvements.

Mais chaque fois que l'instructeur aura décrit un mouvement il devra l'exécuter lentement et distinctement une ou plusieurs fois devant les hommes avant de le leur faire exécuter à eux-mêmes.

Les leçons n'étant que des divisions méthodiques de l'enseignement, chacune d'elles embrassera autant de séances qu'il sera nécessaire pour que les principes qu'elle renferme soient bien compris et exactement appliqués.

L'instructeur ne désignera donc pour passer à la leçon suivante que ceux de ses hommes qui seront parvenus à exécuter promptement avec exactitude et sans hésitation les mouvements qu'il aura ordonnés.

INTRODUCTION.

Réunion des hommes à la pièce.

L'instructeur réunit les hommes à leur pièce, il leur distribue leurs postes.

Le chef de pièce fait face au sabord, les servants font face à leur pièce et s'alignent sur les deux premiers servants placés aussi près que possible de la muraille et à 20 centimètres environ en dehors de la fusée de l'essieu de l'avant de l'affût. Tous se serrent en abord de manière que les coudes s'affleurent, la tête haute, l'œil dirigé du côté du chef, les pieds sur le même alignement, le corps d'aplomb, les bras pendants, les mains dans les rangs ouvertes et à plat sur les cuisses. Le pourvoyeur se place derrière la file de gauche à la hauteur du deuxième servant, il fait face à la muraille.

L'instructeur enseigne le mouvement, pour changer d'un homme *

NOMENCLATURE.

L'instructeur montrera et nommera aux hommes les parties du canon et de l'affût ainsi que les objets accessoires dans l'ordre suivant :

Canon de.... — Volée — Culasse.

L'axe, l'âme, la bouche, la tranche, le bourrelet.

Les tourillons, leurs embases. (Pour la caronade, boulon tourillon.)

La plate-bande de culasse, la lumière, le bouton de culasse et son collet.

La masse de mire, le percuteur, la hausse, le curseur, le trait de la plate-bande de culasse, la ligne parallèle à l'axe qui passe par ce trait. (Caronade — Vis de pointage.)

L'affût — Croissant, sole, essieu d'avant et d'arrière.

Flasques avec une queue, 1er, 2e et 3e adent. (Caronade, semelle, supports et chassis.)

Gréement et accessoires — Coussin, coin de mire ; pitons et garcettes pour les amarrer — Coins d'arrêt.

Les anspects, leur petit bout, leur sifflet ; (1) l'anneau carré où on les engage.

La brague, son anneau sur le bouton, ses pitons à fourche, ses manilles.

Les palans de côté avec garan, poulie double, croc en abord, poulie simple, piton de queue de flasque.

Palan de retraite, avec garan, poulie double, piton de croupière, poulie simple, boucle du pont.

(1) Pour les affûts à échantignolles. — Levier de pointage et plaque directrice.
Pour la caronade — Levier de pointage et boîtes de levier.

L'écouvillon, avec la hampe, la tête, l'escargot.

Le refouloir, sa hampe et sa tête.

La boîte ou le sac à étoupilles, le dégorgeoir, le doigtier, le gargoussier, la baille de combat, le sceau à incendie, le fanal.

Les roues, les esses, les fusées d'essieu.

Sabord, le seuillet, le sommier, les faces, le mantelet, la partie basse, l'itague.

Règles, cordons de pointage, lignerolles de fusée, rondelles du pont.

La nomenclature devra être faite au commencement de chaque séance pendant toute la durée de la première leçon. L'instructeur en montrant les objets, indiquera succinctement à quoi ils servent.

L'instructeur fera : Approvisionner la batterie.*
Détaper démarrer.*
Taper amarrer.*
Les ustensiles à poste.*

Pour rentrer la pièce (cinq temps).

Premier temps. — Les garans étant capelés au bouton de culasse, le chef de pièce saisit, de la main droite et en dessous, le garan de droite à environ $0^{m},40$ du bouton ; il fait de même de la main gauche pour le garan de gauche : il décapelle les garans en croisant les mains, il les éléve à hauteur du percuteur, et, étendant les bras de toute leur longueur, il présente les garans aux derniers servants qui les abraquent. Les autres, à l'exception des chargeurs, mettent la main dessus et maintiennent la pièce au sabord (action).

2e *temps.* — Le dernier de gauche saisit le courant du palan de retraite près de la poulie simple et l'embraque raide ; tous les autres servants, moins les chargeurs, laissent tomber les garans sur le pont, se portent au palan de retraite et se rangent sur le courant faisant face au bord opposé à la pièce ; le premier de droite saisit de la main gauche le garan du palan de côté près de la poulie simple et l'affale de manière qu'il s'allonge librement, il prend la brague et la soutient de la main droite ; le premier de gauche affale le garan de la main droite et soutient la bragueBE de la main gauche ; tous deux font

(*) Ce signe indique les articles du *Manuel* que l'instructeur doit détailler.

face en dedans et veillent que rien ne s'engage sous les roues et les fusées. Le chef de pièce se met à cheval sur le courant et met les mains dessus pour aider à rentrer la pièce.

3e *temps.* — Les servants agissent sur le palan de retraite et rentrent la pièce ; le dernier de gauche abandonne le garan et vient reprendre près du chef de pièce ; dès que les chargeurs ont affalé les palans de côté, de leur main la plus rapprochée de la muraille, ils saisissent les coins d'arrêt par la poignée, les mettent sous les roues et suivent le mouvement de l'affût (action).

4e *temps.* — Dès que la pièce est rentrée, c'est-à-dire quand la brague est raide, les chargeurs enfoncent les coins d'arrêt sous les roues, ils les placent obliquement, inclinés en dehors des flasques. Tous les servants reprennent leur poste. Le dernier de gauche se baisse, tient le courant du palan de retraite de la main gauche à la hauteur de la poulie simple, il prend le double du garan de la main droite, le passe de gauche à droite sous l'estrope de la poulie, entre celle-ci et son croc, le ramène par dessus l'estrope, le passe sous le courant, et le larguant de la main gauche il hale des deux mains sur le double pour souquer la demi-clef (action).

5e *temps.* — Le dernier de gauche love près de la poulie le reste du garan et reprend son poste. Les chargeurs allongent le double des garans des palans de côté au dernier servant, qui capelle ce double sur le piton de la queue des flasques et laisse le bout reposer sur le pont (action).

Nota. — Ces mouvements ne sont pas exactement conformes à ceux de l'exercice, parce que le commandement est isolé. Ils représentent ce que dans l'école du soldat on appelle le maniement d'armes, qui se fait toujours avant la charge ou le véritable exercice. D'ailleurs, exercer séparément aux mouvements avant d'arriver à l'exercice, c'est ce que font tous les bons instructeurs ; ils y sont conduits forcément, et pour être logique il faut les imiter.

Mettre en batterie (trois temps.)

1er *temps:* — Le dernier de gauche se porte à la boucle du palan de retraite, largue la demi-clef, tient le garan des deux mains, pose le pied gauche sur l'estrope de la poulie prêt à filer lorsque la pièce ira en batterie. L'avant-dernier de gauche met l'anspect dans l'anneau carré et reprend son poste. Les chargeurs saisissent la brague, celui de droite de la main gauche, celui de gauche de la main droite et la soulèvent ; tous deux font face à la muraille ; ils s'assurent que les coins d'arrêt peuvent s'enlever facilement. Le chef de pièce se porte au bout de l'anspect et se dispose à s'en servir pour diriger la pièce en batterie droit au milieu du sabord. Les derniers servants de chaque côté abraquent les garans des palans de côté , les autres servants mettent la main dessus, faisant face au sabord ; le 2e de droite met le pied gauche sur la fusée de l'essieu de l'avant ; le 4e de droite sur celle de l'essieu de l'arrière ; les 2e et 4e de gauche, dans une position analogue, placent le pied droit sur les fusées de gauche. (Action).

2e *temps.* — Les chargeurs décalent les roues et posent les coins d'arrêt contre le bord auprès d'eux. Au signal du chef qui étend le bras droit horizontalement en avant, les servants agissent ensemble sur les garants , main sur main et sans secousse. Le dernier de gauche ne file qu'à retour surtout quand il y a du roulis et que la pièce est sous le vent ; il étale sur le garant au moment où la pièce va arriver au sabord afin de l'empêcher de heurter contre le bord. Le chef de pièce agit pour diriger la culasse à droite ou à gauche. Les chargeurs veillent que la brague se replie régulièrement et font parer le double par dessus les palans de côté, entre ceux-ci et la pièce. (Action).

3e *temps*. — Lorsque la pièce est au sabord, le 4e de gauche dégage l'anspect et le pose sur le pont. Le chef de pièce capelle chaque garan au bouton de culasse, celui de droite en dessus et les donne à tenir au 2e servant de chaque côté. Le dernier de gauche donne du mou dans les garans du palan de retraite et jette les garans à gauche de la pièce ; le chef pousse avec le pied gauche la poulie double du même côté ; le dernier de gauche reprend son poste. Les chargeurs lovent le reste du courant des palans de côté contre le bord derrière eux et reprennent leur poste. (Action.)

Observation. — Quand il y a du roulis, le dernier de gauche, avant de filer le palan de retraite prend un demi tour du courant par-dessus les autres garans ; pour cela il largue la demi-clef de la main droite sans dépasser le double, il hâle à lui, des deux mains par-dessous les garants et le raidit en se plaçant à gauche de la boucle.

Si les roulis sont forts ou s'il y a forte bande, le dernier de gauche prend un tour entier au palan de retraite ; pour cela, le dernier de droite se porte au palan de retraite en même temps que le dernier de gauche et bride les garans en prenant des deux mains le courant et le garan le plus voisin ; le dernier de gauche largue la demi-clef, hâle le double à droite du palan et en dessous, le passe par dessus et le faisant revenir à droite en passant en dessous, il le raidit des deux mains en se plaçant à droite de la boucle. Pendant que le dernier de gauche file le garan, le dernier de droite le lui pare et fournit de quoi filer.

Le dernier de gauche peut prendre, au besoin, deux tours entiers.

Pour faire appliquer cette observation, l'instructeur commande : avec du roulis, ou avec fort roulis, en batterie.

Sortir de batterie *

EXPLICATION SUR L'EXERCICE.

L'instructeur donnera aux hommes l'explication qui suit et la répètera au commencement de chaque séance pendant toute la durée de la 1re leçon.

Pour tirer un coup de canon sur un but, on met dans la pièce la charge qui se compose d'une gargousse ou sac plein de poudre et d'un projectile, boulet, obus ou mitraille, par-dessus lesquels on met un valet ou bouchon de fil de caret qui maintient la charge dans la pièce.

On enfonce la charge jusqu'au fond de l'âme avec le refouloir ; par le trou de la lumière on perce la gargousse au moyen du dégorgeoir ; dans ce trou on met une étoupille qui, en s'écrasant sous le marteau du percuteur, s'enflamme et communique le feu à la gargousse.

Celle-ci, en s'enflammant elle-même produit un énorme masse de gaz, quelque chose comme un vent très-violent, qui pousse dehors le projectile avec une grande vitesse.

Pour que le projectile aille droit au but, il faut avant de tirer, diriger la pièce convenablement ou la pointer. Pour cela il faut élever ou abaisser la culasse, et la jeter sur l'avant ou sur l'arrière avec les anspects.

Comme le navire est presque toujours en mouvement il faut saisir pour faire feu, le moment où la pièce se trouve bien dirigée sur le but à atteindre.

Quand le coup part, les gaz que produit la poudre en brûlant poussent non seulement le projectile, mais aussi la pièce qui recule en rentrant en dedans avec son affût. Pour ne pas être blessé en tirant la pièce il faut donc que le chef de pièce se trouve quand le coup part, à l'abri du recul, c'est-à-dire plus loin que le bouton de culasse quand la brague est raide.

Pour pouvoir mettre la charge dans la pièce, il faut que la bouche soit en dedans du sabord; si donc le recul ne l'a pas assez rentrée, il faut la rentrer tout à fait au moyen du palan de retraite, puis caler les roues avec les coins d'arrêt et amarrer le palan de retraite pour empêcher la pièce de revenir au sabord.

Lorsque la gargousse s'enflamme toute la poudre brûle et se change en gaz, mais une partie de l'enveloppe, principalement le fond ou culot, ne brûle pas entièrement et peut rester en feu au fond de la pièce. Si à ce moment on enfonçait une autre charge, la gargousse risquerait de s'enflammer en touchant ce feu et de blesser les chargeurs. Il faut donc retirer ces morceaux d'enveloppe en feu et nettoyer la pièce au moyen de l'écouvillon qui les enlève ou les étouffe presque toujours.

Cependant l'écuvillon peut laisser un culot au fond de l'âme, et si alors la lumière se trouve ouverte, c'est comme si l'on soufflait sur le culot pour le faire brûler et on risque de blesser les chargeurs quand ils enfonceront la charge. Tant que dure la charge on doit donc tenir la lumière bien bouchée.

Quand la charge est finie, il faut remettre la pièce au sabord pour la pointer et la tirer; on la ramène au sabord et on l'y maintient s'il y a du roulis au moyen des palans de côté.

Pour bien faire toutes ces opérations, il faut détailler chaque mouvement afin d'arriver à le faire le plus rapidement et le mieux possible, puis exécuter les mouvements successivement par ordre sans en oublier aucun.

L'exercice se divise en deux parties : le pointage et la charge.

ÉCOLE DE POINTAGE.

PREMIÈRE LEÇON.

I. MANŒUVRE DES ANSPECTS.

Les servants pointeurs sont chargés du maniement des anspects.

Ils sont au nombre de quatre pour les pièces ayant 14 et 12 hommes d'armement : deux titulaires, les 3mes servants de la pièce ; deux supplémentaires, les 4mes servants, qui n'apportent au pointage que le concours de leur force

Pour toutes les autres bouches à feu, les servants pointeurs sont au nombre de deux.

Pour toutes les pièces les mouvements d'anspects sont exécutés par les servants pointeurs titulaires, les 3mes servants.

POINTAGE EN HAUTEUR.

Embarrez sous la culasse (un temps, trois mouvements).

1er *Mouvement.* — Le 1er de droite se fend à fond de la partie gauche, plie le genou gauche et penché en avant saisit l'anspect, la main gauche tenant le petit bout, la main droite placée sur l'anspect au milieu des huit pans à peu près.

Le 2me de droite fait un pas en arrière en partant du pied droit.

Les servants de gauche prennent une position semblable, le premier se fend de la partie droite, le second part du pied gauche. (Action.)

2me *Mouvement.* — Le 1er de droite engage le bout de l'anspect entre le coussin et le flasque, il se relève et rassemblant les talons en faisant un demi à gauche, il ramène l'anspect en travers sur le flasque ; le gros bout embarré sur le 1er adent de l'affût sans l'engager plus qu'il n'est nécessaire ; le côté plat portant sous la culasse, l'anspect rapproché autant que possible du bout du 2me adent et un peu oblique vers l'arrière pour ne pas gêner le coin de mire.

Le 1er de gauche prend une position semblable en faisant un demi à droite. (Action.)

3me *Mouvement.* — L'anspect étant embarré, le 1er de droite ramène sa main droite à $0^{m},50$ environ de sa main gauche ; ses deux mains sont sur l'anspect, la paume tournée vers le pont, les ongles en dessous, les bras raides et rapprochés du corps, le corps et la tête penchés en avant et à droite, l'œil dirigé sur la culasse.

Le 2me de droite fait un demi à droite et se fendant en arrière de la partie gauche, il se trouve face en abord et place ses deux mains sur l'anspect entre celles du 1er servant et à les toucher, il a le corps et la tête inclinés en avant et à gauche, l'œil dirigé sur la culasse.

Les servants de gauche prennent une position semblable; le 1er est penché en avant et à gauche; le 2me se fend de la partie droite en arrière en faisant un demi à gauche. (Action.)

Abaissez un peu la culasse, — la pièce étant horizontale (un temps, trois mouvements).

1er *Mouvement.* — Les anspects étant embarrés sur le 1er adent, les servants agissent ensemble pour soulever un peu la culasse (Action.)

2me *Mouvement.* — Dès que le coin de mire est retiré, ils laissent descendre la culasse lentement et régulièrement. (Action.)

3me *Mouvement.* — Dès que le coin de mire est enfoncé, ils retirent les anspects et les posent verticalement devant eux; le gros bout reposant sur le pont hors de la direction des roues, le sifflet faisant face à l'affût. Tous les servants reprennent leur poste et leur alignement. (Action.)

Elevez un peu la culasse (un temps, deux mouvements).

1er *Mouvement.* — Les anspects étant embarrés sous la culasse, (1) les servants agissent ensemble pour l'élever rapidement et d'un seul coup. (Action.)

2me *Mouvement.* — Au signal du chef ils laissent retomber la culasse sur le coin de mire et retirent vivement les anspects. (Action.)

Pointez à toute volée. — En rentrant la pièce le bourrelet doit raser le sommier du sabord (un temps, quatre mouvements).

1er *Mouvement.* — Les anspects étant embarrés sur le 1er adent, les servants soulèvent un peu la culasse. (Action.)

2me *Mouvement.* — Dès que le coin de mire et le coussin sont retirés, les

(1) Dans ce commandement et ceux qui suivent, un premier mouvement est toujours sous-entendu, c'est celui d'embarrer sous la culasse. L'instructeur le fait exécuter avant de faire le commandement.

servants laissent descendre la culasse, celui de droite retire le premier son anspect, appuie le gros bout sur le piton de la queue des flasques et embarre sous la culasse.

Toutes les fois que les anspects étant sous la culasse, il y a nécessité de changer d'adent, le mouvement commence par le servant de droite. [a] (Action.)

3me *Mouvement.* — Dès que le servant de droite est à l'ambarrage, le servant de gauche fait le même mouvement et ils laissent ensemble descendre la culasse jusqu'à ce qu'elle repose sur le coin de mire. [b] (Action.)

4me *Mouvement.* — ils retirent ensemble les anspects. (Action.)

Replacez la pièce horizontale (un temps quatre mouvements).

1er *Mouvement.* — Le 1er de gauche pose le gros bout de l'anspect sur le piton de queue de flasque et embarre sous la culasse de manière à la soulager un peu.

Dès qu'il le peut le 1er de droite engage son anspect, le petit bout le premier, entre la queue du flasque de gauche, le collet du bouton et la sole, jusqu'à ce que le petit bout de l'anspect repose sur le pont et le gros bout sur la queue du flasque ; il se baisse, place les deux mains sur le petit bout de l'anspect, les bras allongés. (Action.)

2me *Mouvement.* — Le 1er de droite fait levier avec l'anspect ; dès qu'il le peut, aidé du 2me servant, il place son avant-bras sous le petit bout de l'anspect et le laissant porter sur la saignée de ses deux bras, il soulève la culasse. Le 1er de gauche, dès qu'il le peut, pousse son anspect sous la culasse et la soulage. (Action.)

3me *Mouvement.* — Dès que le servant de gauche est à l'embarrage, celui de droite embarre sur le 1er adent et tous deux soulèvent ensemble la culasse jusqu'à la hauteur voulue. [c] (Action.)

4me *Mouvement.* — Au signal du chef de pièce ils laissent tomber la culasse sur le coin de mire et retirent vivement les anspects. (Action.)

Elevez le plus possible la culasse. — En rentrant la pièce, le bourrelet doit raser le seuillet du sabord (un temps, trois mouvements).

1er *Mouvement.* — Les anspects étant embarrés sur le 1er adent, les servants soulèvent la culasse, dès que celui de droite en voit la possibilité, il retire son anspect et embarre sur le 2me adent. (Action.)

2me *Mouvement.* — Dès qu'il y est, celui de gauche fait de même et tous deux soulèvent ensemble la culasse jusqu'à la hauteur voulue. (Action.)

3me *Mouvement.* — Au signal du chef de pièce ils laissent tomber la culasse sur le coin de mire et retirent vivement les anspects. (Action.)

Replacez la pièce horizontale (un temps, quatre mouvements).

1er *Mouvement.* — Les anspects étant embarrés sur le 2me adent les servants soulèvent un peu la culasse. (Action.)

2me *Mouvement.* — Dès que le coin de mire est retiré le servant de droite retire son anspect et embarre sur le 1er adent. (Action.)

3me *Mouvement.* — Dès qu'il y est celui de gauche fait de même et ils laissent ensemble descendre la culasse. (Action.)

4me *Mouvement.* — Dès que le coin de mire est enfoncé ils retirent vivement les anspects. (Action.)

POINTAGE EN DIRECTION.

Embarrez aux flasques (un temps, deux mouvements.)

1er *Mouvement.* — Le 1er de droite fait un demi à gauche et se fend en arrière de la partie gauche ; il tient le petit bout de l'anspect de la main gauche à 0m,10 du bout environ, le bras gauche ployé, la paume de la main en dessus, les ongles en l'air ; il prend le corps de l'anspect de la main droite à hauteur des huit pans, le bras droit allongé, la paume de la main en dessus, les ongles en l'air, le coude droit touchant sa cuisse droite ; l'anspect est incliné, le gros bout posé sur le pont par le travers de la queue du flasque, le sifflet faisant face à l'affût. — Le 1er de gauche prend une position semblable. (Action.)

2me *Mouvement.* — Le 1er de droite pousse l'anspect sous la queue du flasque sans l'enfoncer beaucoup, le sifflet portant contre la queue du flasque, l'anspect à peu près perpendiculaire à l'affût. Le 2me de droite fait un demi à droite et se fend en arrière de la partie droite, il place sa main droite sur le bout de l'anspect, la paume en dessous, les ongles en bas, sa main gauche à toucher la main droite du 1er servant, la paume en dessus, les ongles en l'air; il a les bras allongés; les deux servants ont la tête tournée vers la culasse et l'œil fixé sur la main du chef de pièce. Les servants de gauche prennent une positiou semblable. (Action.)

Un peu sur l'avant (ou sur l'arrière) jetez la culasse (un temps un mouvement).

Le servant placé du côté opposé à celui vers lequel on veut jeter la culasse, fait levier avec l'anspect et porte l'affût du côté indiqué par une suite de petits mouvements aussi réguliers que possible, sans secousses et en ayant soin que la queue de l'affût, peu soulevée à chaque mouvement, glisse lentement sur le biseau du sifflet. Le servant placé de l'autre côté a son anspect dans une position analogue et se tient prêt à contretenir et même à embarrer en sens contraire s'il est nécessaire. (Action.)

Sur l'avant (ou sur l'arrière) pointez obliquement (1) (un temps, trois mouvements).

1er *Mouvement.* — Le 1er servant placé du côté vers lequel on veut jeter la culasse, engage son anspect dans l'anneau carré le sifflet en dessous, il place ses deux mains à se toucher sur l'anspect à environ 0[m],30 du petit bout, la paume en dessous et tournée vers ses bras. Le 2me servant dans une position semblable pose ses deux mains sur le petit bout de l'anspect la paume en dessous. Tous deux ont l'œil fixé sur la main du chef de pièce.

Le 1er servant placé du côté opposé embarre au flasque. (Action.)

2me *Mouvement.* — Les servants agissent ensemble avec force et à grands coups dans le sens indiqué pour porter la pièce en direction le plus rapidement possible. [d] (Action.)

3me *Mouvement.* — Ils retirent vivement les anspects et reprennent leur poste et leur alignement. (Action.)

(1) Le bourrelet doit être à peu près à toucher une des faces du sabord lorsqu'on rentre la pièce.

En chasse (ou en retraite) pointez (1) (un temps, six mouvements).

NOTA. — Lorsque la pièce est pointée, le bourrelet doit toucher une des faces du sabord et la roue de l'avant du côté opposé doit porter contre la muraille.

1er *Mouvement.* — La pièce est rentrée si elle est au sabord, l'anspect est mis dans l'anneau carré du côté vers lequel on doit jeter la culasse par le 1er servant pointeur. (Action.)

2me *Mouvement.* — Le chef de pièce se porte au bout de l'anspect, le servant pointeur placé le plus près du chef de ce côté met les mains sur l'anspect près de celles du chef. (Action.)

3me *Mouvement.* — Tous deux font force pour diriger la culasse du côté opposé à celui vers lequel on veut la jeter selon le pointage ordonné tandis que la pièce est mise au sabord. (Action.)

4me *Mouvement.* — Lorsque la pièce est près de toucher la muraille, le 1er servant pointeur placé du bord où l'on veut jeter la culasse engage l'anspect dans l'autre anneau carré ; les servants placés du côté opposé embarrent aux flasques. (Action.)

5me *Mouvement.* — Le chef de pièce se porte au bout de l'anspect et tous agissent avec force et à grands coups dans le sens indiqué pour porter la pièce en direction le plus rapidement possible (2). (Action).

6me *Mouvement.* — Les pointeurs retirent les anspects, ils reprennent leur poste et leur alignement. (Action).

En chasse (ou en retraite) pointez, sans rentrer la pièce (un temps trois mouvements).

1er *Mouvement.* — Les servants pointeurs du côté vers lequel on veut jeter la culasse embarrent l'anspect dans l'anneau carré, le chef de pièce et le dernier servant de ce côté se portent à l'anspect. Les servants pointeurs du côté opposé embarrent au flasque ; le dernier servant de ce côté ainsi que le 2e mettent la main sur l'anspect. (Action.)

(1) Pour l'exécution de ce commandement et du suivant la pièce doit être complètement armée.

(2) Si la pièce n'arrive pas à la position indiquée, l'instructeur la fera rentrer une seconde fois et même une troisième s'il est nécessaire.

2me *Mouvement.* — Au signal du chef tous font effort ensemble pour mettre la pièce en mouvement et la faire glisser sans arrêter jusqu'à la position voulue.

3me *Mouvement.* — Les pointeurs retirent vivement les anspects et chacun reprend son poste et son alignement. (Action.)

PIÈCES DONT L'AFFUT COMPORTE UN LEVIER DIRECTEUR.

Sur l'avant (ou sur l'arrière) pointez obliquement (un temps quatre mouvements).

1er *Mouvement.* — Le pointeur du côté vers lequel on veut jeter la culasse engage son aspect dans l'anneau carré ; le chef de pièce prend le levier directeur, le place verticalement devant le bouton de culasse, le pivot tourné vers la sole, il tient le petit bout des deux mains, les paumes tournées vers ses bras ; il rapproche la roulette du bord de la sole ou de l'entretoise avec le pied droit et engage le pivot dans la plaque directrice. (Action.)

2me *Mouvement.* — Le pointeur placé du côté opposé à celui vers lequel on veut jeter la culasse prend le bout du levier, se fend en arrière de la partie gauche, force sur le bout du levier, et, faisant un pas en arrière du pied droit, le rabat sur le pont et le dirige parallèlement à la queue de l'affût. Le 2me pointeur de ce côté se tient prêt à embarrer au flasque. (Action.)

3me *Mouvement.* —Le chef fait force au bout de l'anspect ; le pointeur chargé du levier le maintient parallèle à la queue de l'affût, tandis que les autres pointeurs agissent ensemble et à grands coups pour porter la pièce en direction le plus rapidement possible.

Le levier doit être mis en place dans tous les grands mouvements en direction, surtout s'il y a du roulis et de la bande. [e] Quand la mer est belle et le navire à peu près droit, on peut pointer avec les anspects seuls. (Action.)

4me *Mouvement.* — Le pointeur chargé du levier le relève en se plaçant dans la même attitude qu'il a prise pour le rabattre et en étalant sur le bout pour ne pas se laisser gagner. Dès que la queue de l'affût repose sur le pont, le chef de pièce pousse le levier contre la culasse, dégage le pivot de la plaque avec le pied droit et donne le levier au 2me pointeur de gauche qui le pose sur le pont. Les autres pointeurs retirent vivement les anspects et reprennent leur poste et leur alignement. (Action.)

En chasse (ou en retraite) pointez (un temps, six mouvements).

1er *Mouvement.* — La pièce est rentrée si elle est au sabord. L'anspect est mis dans l'anneau carré, du côté vers lequel on doit jeter la culasse. (Action.)

2me *Mouvement.* — Le chef met en place le levier directeur, le rabat sur le pont et porte son extrémité du côté vers lequel il devra jeter la culasse selon le pointage ordonné. (Action.)

3me *Mouvement.* — Le chef pèse sur le bout du levier et continue à diriger la culasse tandis que les servants mettent la pièce en batterie (Action.)

4me *Mouvement.* — Lorsqu'elle est près de toucher la muraille, le chef porte brusquement le bout du levier du côté opposé. Les servants pointeurs placés du bord vers lequel on va jeter la culasse placent leurs mains sur l'anspect ; les servants placés du côté opposé embarrent au flasque. (Action.)

5me *Mouvement.* — Tous agissent avec force et à grands coups pour porter la pièce en direction le plus rapidement possible. (Action.)

6me *Mouvement.* — Le chef relève et dégage le levier et le donne au 2me pointeur de gauche qui le pose sur le pont ; les autres pointeurs retirent vivement les anspects et reprennent leur poste et leur alignement. (Action.)

En chasse (ou en retraite) pointez, sans rentrer la pièce (un temps, trois mouvements).

Ce commandement s'exécute de même que pour le canon ; le levier directeur s'emploie comme dans le commandement précédent.

CARONADES.

En chasse (ou en retraite, ou obliquement) pointez (un temps, cinq mouvements).

1er *Mouvement.* — Le chef de pièce met le levier dans la plaque du châssis ; le servant placé du côté opposé à celui vers lequel on veut jeter la culasse, prend l'anspect et l'embarre sous la queue du châssis, sur l'arrière du support arrière ; le servant placé de l'autre côté se porte au bout du levier. (Action.)

2me *Mouvement.* — Le servant chargé de l'anspect agit à grands coups pour porter la pièce dans le sens indiqué ; le servant placé au levier, aidé au besoin par le chef de pièce, agit dans le même sens. (Action.)

3me *Mouvement.* — Dès que la pièce est à peu près en direction, au signe du chef de pièce, le servant chargé de l'anspect le pose sur le pont et se porte au levier de pointage mis dans la plaque de la semelle par l'autre servant. (Action.)

4me *Mouvement.* — Les deux servants agissent ensemble à petits coups pour rectifier la direction au signal du chef.

Si l'affût comporte des oreilles, le levier doit être laissée dans la plaque du châssis et la direction est rectifiée à petits coups au moyen de l'anspect et du levier.

Dans tous les cas, la semelle et le châssis doivent être écartés l'un de l'autre en direction, le moins possible. (Action.)

5me *Mouvement.* — Le levier est retiré et posé sur le pont par le servant de droite. (Action.)

II. — ATTITUDES ET SIGNES DU CHEF DE PIÈCE.

CANONS.

Chef de pièce à la position du pointage en hauteur.

Le chef de pièce se place à droite du palan de retraite, le pied gauche en avant et à plat sous le bout de la sole, le jarret gauche ployé, le genou touchant le coussin s'il est possible ; la jambe droite raide et allongée en arrière ; la main gauche sur la plate-bande de culasse, la main droite à la poignée du coin de mire. (Action.)

Faites élever la culasse.

Le chef de pièce tient élevés les doigts serrés de sa main gauche placée sur la plate-bande ; il les tient plus ou moins inclinés selon qu'il veut faire élever plus ou moins. (Action.)

Faites abaisser la culasse.

Le chef de pièce frappe sur la plate-bande avec les doigts de sa main gauche des coups plus ou moins précipités, selon qu'il veut faire abaisser plus ou moins la culasse. La paume de la main reste toujours appuyée à la plate-bande. (Action.)

Chef de pièce à la position du pointage en direction.

Le chef de pièce à la position du pointage en hauteur rassemble les talons en se relevant sur la jambe gauche ; il saisit le cordon du percuteur de la main droite, et le dégage au besoin en se servant de sa main gauche ; il conserve ses deux bras élevés et étendus, la main droite à la hauteur de son épaule ; puis il fait deux pas égaux en arrière en partant du pied droit, allonge et raidit en arrière la jambe droite, porte le poids du corps sur la partie gauche, le haut du corps en avant, la tête droite, et se trouve en arrière du recul du canon dans la même attitude que celle du pointage en hauteur. (Action.

Sur l'avant (ou sur l'arrière) jetez la culasse.

Le chef de pièce, qui a le bras gauche allongé, fait signe de la main gauche, la paume tournée du côté vers lequel il veut faire jeter la culasse.

Pour faire tenir bon, il tourne brusquement la paume de la main vers la culasse ; il a le bras immobile, les doigts élevés et écartés.

Quand le pointage est très-oblique, le chef, avant de se porter en arrière du recul du canon, place la main gauche sur le bouton de culasse et indique de la main droite le sens dans lequel il veut faire jeter la culasse ; la vivacité et l'amplitude de ces mouvements indiquent aux servants que l'affût devra être plus ou moins jeté à droite ou à gauche.

En voyant la main gauche du chef sur le bouton au lieu de la voir sur la plate-bande, les servants pointeurs embarrent au flasque et dans l'anneau carré au lieu d'embarrer sous la culasse. (Action.)

A postes.

Pour faire retirer les anspects de l'embarrage, le chef de pièce élève vivement le bras gauche. (Action.)

CARONADES.

Chef de pièce à la position du pointage en hauteur.

L'attitude du chef est la même qu'au canon ; il a la main gauche à la poignée du coin de mire et la main droite à la manivelle de la vis de pointage.

S'il y a du roulis, il s'affermit à la position du pointage en s'appuyant sur le levier. (Action.)

Elevez (ou abaissez) la culasse.

Le chef retire un peu le coin de mire, il fait tourner la vis de manière à élever ou à baisser la culasse jusqu'à ce qu'elle soit au point convenable ; puis il enfonce le coin de mire et fait remonter la vis de quelques tours. (Action.)

Chef de pièce à la position du pointage en direction comme pour le canon.

A la voix commandez le pointage.

Quand à cause de l'obscurité ou de l'inattention des servants les signes du chef ne sont pas compris facilement, ce dernier fait à la voix les commandements qui concernent les pointages ainsi qu'il suit ;

Embarrez ! — Les servants embarrent sous la culasse.

Pèse ! — Ils soulèvent la culasse.

Amène ! — Ils laissent descendre la culasse.

Aux flasques ! — Ils embarrent aux flasques.

Sur l'avant ! — Ils jettent la culasse de ce côté.

Sur l'arrière ! — Id. Id.

Tiens bon ! — Ils cessent le mouvement.

A poste — Ils reprennent leur poste.

III. — MANIEMENT DU COUSSIN ET DU COIN DE MIRE.

Placez le coussin et le coin de mire.

Le chef de pièce s'assure que le coussin repose bien à plat sur la sole sans déborder son extrémité; que le coin ne déborde pas le coussin soit sur l'avant soit sur l'arrière ; que les garcettes sont capelées sur les cabillots du coussin et leur œil passé à la poignée du coin de mire.

Avant d'enfoncer le coin de mire sous la culasse, le chef doit être sûr qu'il ne sera pas gêné par les anspects et qu'il ne passera pas sous la plate-bande.

Lorsque le chef fait abaisser la culasse il retire largement le coin de mire et même le coussin pour que la culasse ne repose pas avant que la hauteur ne soit bonne.

S'il voit que le bouton de culasse se rapproche du coin de mire, il enfonce ce dernier obliquement afin que les garans ne soient pas gênés (action).

A toute volée, pointez.

Le chef de pièce retire le coussin et le pose sur le pont derrière lui et à gauche de la pièce, il met le coin de mire seul et à plat sur la sole, la poignée tournée vers la muraille (action).

Passez par les divers pointages en hauteur.

Pour les grands pointages en hauteur, le chef se sert du coin de mire seul et à plat sur la sole, puis ensuite du coin de mire de can sur la sole. Si le coin de mire est à face brisée cette face doit toujours être en dessus (f),

Pour les pointages moyens il emploie la face supérieure du coussin, puis le coin de mire posé à plat sur le coussin.

Pour les pointages à couler bas il met le coin de mire à plat sur le coussin et ensuite le coin de mire posé de can sur le coussin, la face brisée en-dessus (g) (action).

L'instructeur fera remarquer au chef de pièce que dans l'opération précédente il a passé graduellement et sans soubresauts par tous les pointages compris dans le champ de tir vertical de la pièce et que le coin de mire seul ou par ses combinaisons avec le coussin forme un plan incliné continu sur lequel on peut placer la culasse à toutes les hauteurs convenables.

Il lui montrera que les pointages moyens en hauteur peuvent s'obtenir avec plusieurs positions du coin de mire sur le coussin et que la meilleure manière est toujours celle où le coin est placé à peu près au milieu du coussin et où la culasse repose le plus près possible du milieu du coin de mire.

Il lui fera constater que quand le coin de mire est placé au bout du coussin et que la plate-bande porte sur le bout du coin de mire, le pointage est instable, c'est-à-dire que le moindre choc ou le moindre effort suffit pour le déranger

L'instructeur faisant soulever la queue de l'affût avec l'anspect montrera au chef de pièce que les secousses font glisser la culasse sur le coin de mire et dérangent le pointage.

Il lui montrera dans quelles positions de la culasse les garants peuvent être bridés entre le bouton et le coin de mire.

DEUXIÈME LEÇON.

POINTAGE A LA MIRE FIXE.

L'instructeur fait traverser une pièce, il fait placer la mire mobile au zéro de l'arc-de-cercle et l'index du pied au zéro de la coulisse.

Après avoir pointé exactement la pièce, il fera voir aux hommes que le pointage exact consiste à diriger sur le centre du but la ligne de mire, laquelle passe par le fond de la coche du chapeau du curseur et par le sommet de la masse de mire. Il fera regarder chaque homme suivant cette ligne puis il dérangera le pointage en hauteur.

En hauteur (sur tel objet) pointez.

Le chef de pièce à la première position du pointage fait élever la culasse jusqu'à ce qu'il voit le but un peu au-dessus de la ligne de mire (*h*), puis il la fait abaisser lentement, l'œil restant toujours dans l'alignement de la ligne de mire, il suit le mouvement de la pièce et dès qu'il voit la ligne de mire dirigée sur le but il pousse vivement le coin de mire.

Si le but est d'abord au-dessus de la ligne de mire, le chef ne fait soulever la culasse que de la quantité nécessaire pour retirer le coin de mire puis il la fait abaisser aussitôt jusqu'à ce que la hauteur soit bonne.

Dans ce mouvement la ligne de mire ne doit jamais repasser sur le but, le chef de pièce doit arriver du premier coup, sans contre-embarrer, à la hauteur convenable (action).

Pour ce mouvement comme par les suivants de cette leçon et des leçons suivantes, l'instructeur vérifie chaque pointage, fait exécuter le mouvement par tous les hommes successivement, et tient la main à ce que les hommes appliquent rigoureusement les principes du maniement des anspects coussin et coin de mire qui ont été donnés dans la 1re leçon.

L'instructeur pointe la pièce exactement puis il la dérange en direction.

En direction (sur tel objet) pointez.

Le chef de pièce à la seconde position du pointage fait jeter la culasse à droite ou à gauche pour rapprocher la ligne de mire de la direction du but ; il fait donner des coups d'anspects de plus en plus faibles à mesure qu'il est plus près d'y arriver. Autant que possible il ne dépasse pas le pointage exact, il doit y atteindre du premier coup sans embarrer en sens contraire. (Action).

L'instructeur place la pièce dans une position qui l'éloigne un peu en hauteur et en direction du pointage exact.

Sur (tel objet) pointez.

Le chef de pièce fait jeter la culasse à droite ou à gauche de manière à la mettre à peu près en direction ; il reste au bouton de culasse.

Il pointe en hauteur.

Il achève de rectifier la direction, à la 2me position du pointage.

Cette leçon est toute pratique ; l'instructeur devra tenir longtemps les hommes sur ces mouvements et ne passer à la 3me leçon que quand ils pointeront vite et droit.

TROISIÈME LEÇON.

I. — POINTAGE A LA MIRE MOBILE.

L'instructeur pointe la pièce sur le centre de la mire au repos, c'est-à-dire au cran zéro. Il fait armer la batterie de l'instrument et place au levier un homme qui imprime à la mire, dans le sens vertical, des mouvements lents et réguliers, puis ensuite variables en étendue et en durée analogues à ceux que produit le roulis sur le bâtiment lui-même.

Il montre aux hommes comment on tire le cordon du percuteur pour faire feu.

Le chef de pièce tient le cordon du percuteur de la main droite sans le raidir et au moment du feu il tire fortement et sans secousse sur ce cordon.

En hauteur (sur tel objet) pointez.

Le chef met la pièce en hauteur dans une position moyenne aux balancements de roulis du bâtiment ; pour cela il dirige sa ligne de mire de telle façon que dans les roulis du bâtiment l'objet visé semble s'élever à peu près autant au-dessus d'elle qu'il s'abaisse au-dessous. Puis il prend le cordon du percuteur de la main droite, se porte en arrière de la pièce à la 2me position du pointage et vise en mettant dans le même alignement son œil, le fond de la coche du curseur et le sommet de la masse de mire ; il attend que les mouvements de la mire mobile amènent le centre du but dans cet alignement et dès qu'il le voit près d'y arriver, il l'indique en abaissant brusquement le bras gauche et tire fortement et sans secousse le bout de ligne.

L'homme placé au levier de la mire indique de combien de degrés le chef de pièce s'est trompé.

L'instructeur fait imiter le roulis avec de la bande en faisant osciller la mire au-dessous de l'horizontale pour la bande sous le vent, et en dessus de l'horizontale pour la bande au vent. Il a soin, dès que l'homme a pointé en hauteur, de faire arrêter la mire droit dans l'alignement de la ligne de mire pour voir s'il a bien mis sa pièce dans une position moyenne aux balancements. Il fait tomber le chien sur l'arc de cercle dans cette position de la mire et on lit le nombre de degrés ; c'est sur ce nombre que devra tomber le chien quand l'homme tirera s'il a bien visé.

Pour le pointage en direction l'instructeur pointe la pièce sur la mire au repos, puis il place deux hommes aux palans du pied et fait communiquer à l'instrument un mouvement horizontal très-lent analogue à celui qui est produit par les embardées du bâtiment ou la translation du but lui-même.

En direction (sur tel objet) pointez.

Le chef fait porter la culasse à droite ou à gauche, suit tous les mouvements du but, et a soin que la ligne de mire reste toujours du côté vers lequel va le but. S'il voit le but aller à gauche, il doit mettre sa ligne de mire à gauche du but ; si le but va à droite il doit mettre sa ligne de mire à droite du but. Quand sa ligne de mire est très-rapprochée du but, il attend que les mouvements de la mire amènent le but dans l'alignement de sa ligne de mire, et quand il le voit près d'arriver, il fait feu (action).

Dès que le chef de pièce tire le cordon, les hommes chargés des palans tiennent bon ; l'instructeur vérifie le pointage et faisant marcher l'instrument jusqu'à ce que le pointage soit exact, il constate l'erreur qu'a commise le chef de pièce par le nombre de degrés marqués sur la coulisse.

Pour le pointage en hauteur et en direction, l'instructeur fait imprimer à l'instrument une suite de mouvements horizontaux lents et variés, tandis que l'homme placé au levier communique à la mire des oscillations verticales, de telle sorte que ce double mouvement imite les différentes circonstances du mouvement apparent qui résulte du roulis, du tangage et des embardées du navire.

Sur (tel objet) pointez.

Le chef pointe d'abord à peu près en direction.

Il pointe en hauteur. Il rectifie la direction.	comme il vient d'être dit.

II. — PRINCIPES DU FEU.

« Le chef de pièce doit saisir, pour faire feu, le moment où le roulis amène la ligne de mire sur le but, mais un peu avant qu'elle n'y arrive, afin de compenser le plus possible les déviations occasionnées par les mouvements du navire dans l'espace de temps nécessaire pour faire feu.

» Si la mer est belle, il envoie le coup quand le bâtiment s'abaisse vers l'ennemi plutôt que quand il se relève pour conserver la chance des ricochets ; mais plus généralement il doit attendre le moment d'immobilité qui survient après chaque oscillation et pointer en hauteur en conséquence.

» Si l'état de la mer ne permet pas que le boulet puisse ricocher, il faut envoyer le coup lorsque le bâtiment se relève, parce que si le coup porte haut, le boulet peut atteindre la mâture.

» Les instants favorables pour faire feu sont ceux où le bâtiment ennemi se trouve sur le haut d'une lame et présente tout son bois ; ou s'il est sous le vent, quand il montre son cuivre.

» Lorsqu'on croise l'ennemi avec beaucoup de vitesse, il faut faire feu lorsque la ligne de mire est dirigée sur l'avant du point où l'on veut atteindre.

» Lorsque la brise est forte, il faut y avoir égard et tirer plus au vent d'une quantité que le chef doit apprécier.

» Même quand la brise n'est pas forte, si l'on tire à une grande distance, il faut viser au vent du point que l'on veut atteindre. »

QUATRIÈME LEÇON.

I. — THÉORIE DU TIR.

« On nomme axe de la pièce la ligne qui passe par le milieu du fond de l'âme et le milieu de la bouche du canon. La direction de cette ligne ou son prolongement se nomme la ligne de tir. »

Lorsque le boulet sort de la pièce, chassé par l'explosion de la poudre, il suit pendant quelque temps cette direction ; mais comme il est pesant, il tend de plus en plus à tomber vers la mer, à mesure qu'il s'éloigne de la pièce, et s'abaisse au-dessous de la ligne de tir.

Si le boulet ne s'abaissait pas sous la ligne de tir, il suffirait, pour atteindre le but, de diriger cette ligne de tir droit sur le but; mais, à cause de l'abaissement du boulet, il faut toujours diriger cette ligne au-dessus du but; c'est-à-dire que si l'on pouvait viser par l'axe de la pièce, il faudrait viser plus haut que le but.

Comme on ne peut pas viser par l'axe de la pièce, on se sert de la hausse pour arriver d'une façon plus commode à un résultat plus exact. En effet, en élevant le curseur et en dirigeant la ligne de mire droit sur le but, c'est comme si l'on visait par l'axe de la pièce plus haut que le but.

L'instructeur fera vérifier à chaque homme cette assertion; il élèvera le curseur à son plus haut point pour rendre la chose évidente; il dirigera la ligne de mire sur un but peu éloigné (la mire par ex :) et faisant regarder par l'homme successivement dans la direction de la ligne de mire et à peu près dans celle de la ligne de tir (par le côté droit de la pièce), il lui fera constater que la première est dirigée sur le but, tandis que la seconde passe beaucoup au-dessus.

II. — HAUSSE.

L'instructeur prendra la hausse de la pièce et continuera la théorie en la faisant examiner par ses hommes.

« L'expérience a prouvé que quand on élève la hausse de la hauteur d'un cran, et qu'on vise par la ligne de mire sur un objet placé à une encâblure, la ligne de tir est juste assez élevée au-dessus du but pour que le boulet, en s'abaissant, aille droit au but; il en est de même des crans suivans par rapport aux distances de 2, 3, 4 encâblures, etc. — Ainsi, quand on commence de pointer à une encâblure, il faut élever le curseur d'un cran et diriger la ligne de mire droit sur le but; si le but est à deux encâblures, il faut élever le curseur de deux crans et ainsi de suite.

» Plus la charge de poudre est forte, plus le boulet va vite et moins tôt il tend à tomber vers la mer pour une même distance; ainsi, si l'on visait par l'axe de la pièce, il faudrait pointer moins haut avec une grande charge qu'avec une petite charge.

C'est pour cela que sur le curseur il y a pour chaque charge des crans différents ; ils sont plus petits pour les grandes charges et plus grands pour les petites charges

Si l'obus et le boulet sont lancés avec la même force, le boulet étant plus lourd tombera vers la mer ou s'abaissera sous la ligne de tir plus vite que l'obus ; donc, pour la même charge les crans du curseur relatifs au boulet sont plus grands que les crans relatifs à l'obus. Et pour une petite charge, les crans relatifs à l'obus sont à peu près égaux aux crans relatifs au boulet lancé avec une charge plus forte. Aussi, sur le curseur de la hausse du canon de 30 N° 1 par ex., on n'a marqué qu'une seule série de crans pour le boulet chargé au 1/4 et l'obus au 1/6.

Pour les mêmes raisons, il y a des crans différents pour le boulet, la mitraille et le double projectile.

Ainsi, quand on commande de pointer à une encâblure, on sait que la hausse doit être élevée d'un cran, mais il faut encore savoir quelle charge et quel projectile on emploiera, afin de choisir celui des premiers crans de la hausse qui convient à ces conditions de tir.

L'instructeur fera voir à chaque homme comment la hausse est graduée ; il lui apprendra ce que signifient les lettres gravées sur ses diverses faces.

Il exercera ensuite ses hommes à placer immédiatement le curseur d'une façon convenable pour les diverses indications qu'il donnera et qu'il variera fréquemment de manière à faire parcourir tous les crans des diverses faces de ce curseur.

III. — POINTAGES DIVERS.

L'instructeur en indiquant aux hommes quels sont les divers pointages employés, les leur fera exécuter et il donnera en même temps les indications des distances, charges et projectiles comme il suit :

En belle pointez (six encâblures, charge au 1/3, boulet).

« La ligne de mire est dirigée sur l'horizon de la mer et la pièce droite au milieu du sabord. (Action). »

Pointage direct (cinq encâblures, charge au 1[4, obus).

« La pièce est droite au milieu du sabord, la ligne de mire dirigée au-dessus ou au-dessous de l'horizon. (Action). »

Pointage oblique (trois encâblures, charge au 1[6, obus).

« La ligne de mire est dirigée sur l'avant ou sur l'arrière du travers. (Action). »

En chasse pointez (quatre encâblures, charge au 1[4, boulet).

« Jeter la culasse le plus possible sur l'arrière. (Action). »

En retraite pointez (une encâblure, charge au 1[6, mitraille).

« Jeter la culasse le plus possible sur l'avant. (Action). »

En plein bois pointez (1[2 encâblure, charge au 1[6, deux boulets).

« Viser de manière à frapper au milieu de la coque du bâtiment ennemi dans la direction du grand mât. (Action). »

A couler bas, pointez (une encâblure 1[2, charge an 1[4, boulet).

Viser à la flottaison ; il est avantageux de choisir le moment où le bâtiment ennemi se relève. (Action).

A ricochet pointez (sept encâblures, charge au 1[3, boulet).

« Le boulet doit frapper l'eau avant d'atteindre le but ; viser de manière à placer l'axe de la pièce horizontal, c'est-à-dire, abaisser le curseur et viser à l'horizon de la mer. (Action). »

POINTAGE CONVERGENT (1).

Se préparer à tirer sur un but qu'on ne découvre pas, d'après les indications du commandant transmises par le chef de batterie.

(1) Pour tout ce qui concerne le pointage convergent voir les instructions les plus récentes.

L'instructeur fait mettre en place lés lignerolles de fusée et les cordons de pointage. Il fait voir aux hommes que la règle qui remplace la hausse dans le tir convergent porte à son pied une graduation semblable à celle du curseur, et au-dessus, des divisions qui mesurent l'élévation ou l'abaissement de la culasse ou de la ligne de tir.

Sur (telle rondelle) en chasse (ou en retraite) pointez.

« Le dernier servant placé du bord opposé à celui vers lequel on veut jeter la culasse allonge le cordon et place dès qu'il le peut son extrémité sur la rondelle indiquée ; le chef de pièce debout au bouton de culasse fait embarrer aux flasques et jeter la pièce à droite ou à gauche jusqu'à ce qu'il voie les deux lignes parallèles ou l'une par l'autre. (Action). »

(Tant) d'encâblures, charge au....., boulet (ou obus), (tant) de degrès de bande, pointez.

Le chef place la boîte de la règle au cran indiqué, prend la règle de la main droite, met le pouce de cette main sur le cran du degré de bande indiqué ; pose le talon de la règle sur le 2me adent de droite de l'affût, prend la poignée du coin de mire de la main gauche ; il fait élever ou abaisser la culasse jusqu'à ce que le trait de la plate-bande touche le cran indiqué par son pouce et enfonce vivement le coin de mire. (Action).

CARONADES.

Sur (telle) rondelle, en chasse (ou en retraite) pointez.

« Le chef pointe en direction et fait porter l'extrémité marquée du support arrière sur le milieu de la rondelle du pont désignée par le chef de batterie. (Action). »

(Tant) d'encâblures, boulet (ou obus), (tant) de degrès de bande, pointez.

Le chef se place et tient la règle comme pour le canon ; la main gauche à la manivelle de la vis de pointage ; il pointe en hauteur et met l'arête inférieure du bouton de culasse à toucher le cran de la règle marqué par le pouce de sa main droite ; dès qu'il y est, il dépose la règle sur le pont, prend la manivelle et la maintient de la main droite tandis qu'il enfonce le coin de mire de la main gauche. (Action).

IV. — PRINCIPES DE POINTAGE.

« Dans les pointages directs il faut d'abord pointer en hauteur et ensuite rectifier la direction ; mais si le pointage est oblique on doit mettre d'abord la pièce à peu près en direction, pointer ensuite en hauteur et enfin compléter et rectifier constamment la direction jusqu'à ce que le coup soit parti.

» Lorsque le navire a de grands mouvements de roulis, le chef de pièce pointe en hauteur en mettant la pièce dans sa position naturelle, c'est-à-dire, à peu près parallèlement au pont et attend ainsi que les mouvements du navire amènent la ligne de mire dans la direction du but. Si au contraire les roulis sont modérés et le navire à la bande, le chef place sa pièce pour la bande moyenne.

» Le chef doit tenir compte des embardées, mais comme ces mouvements sont lents et incertains, [m] il ne doit pas attendre comme pour ceux du roulis et il n'hésitera pas à faire jeter sa pièce sur l'avant ou sur l'arrière pour arriver promptement à la direction voulue. »

NOTES SUR L'ÉCOLE DE POINTAGE.

(a) — S'il n'y a pas de règle fixe, les deux servants s'attendent l'un l'autre ou essaient de retirer à la fois leurs anspects ; le mouvement est contrarié et le pointage retardé.

(b) — Souvent le chef de pièce laisse descendre la culasse en la soutenant de ses deux mains placées sous le bouton et sans se servir des anspects, dès que le coussin et le coin de mire sont retirés ; ce procédé très-prompt dans un exercice est mauvais avec du roulis et de la mer.

(c) — Quand on embarre sous la queue des flasques avec les deux anspects, le sifflet glisse sur la plate-bande de culasse ; on perd du temps et le mouvement est incertain.

(d) — S'il n'est pas fait mention ici de l'usage indispensable à la mer des garants de palan de côté pour les pointages en direction, c'est qu'on s'occupe exclusivement du maniement des anspects. L'emploi des garants trouve place dans la manœuvre de la pièce à l'exercice.

(e) — Ce procédé rend le pointage plus facile ; la pièce se trouve à peu près en direction, plus rapidement qu'au moyen des anspects seuls.

(f) — Le coin de mire, nouveau modèle, n'ayant pas de face brisée on peut l'employer de can indifféremment des deux côtés.

(g) Pour certains calibres dans certaines batteries le coin de mire à plat sur le coussin suffit pour élever la culasse au plus haut point possible ; dans d'autres cas, le coin de mire posé de can sur la sole suffit pour amener la culasse au plus bas point possible.

(h) — Si le but se trouve au-dessous de la ligne de mire le chef de pièce est nécessairement surpris au moment où ce but apparaît ; il dépasse son pointage et est obligé de laisser tomber la culasse pour y revenir. Il vaut mieux chercher d'abord à mettre l'objet dans le champ de vue par un grand coup d'anspect, que d'essayer de saisir le moment où l'objet qu'on ne voit pas se trouvera dans la direction de la ligne de mire.

(i) — Il est préférable de rester de ce côté du but, que de chercher à mettre la ligne de mire droit dessus, ce qui expose presque infailliblement à le dépasser et on perd alors beaucoup de temps.

(l) — Il n'est question ici que de la partie du tir convergent qui a rapport au pointage.

(m) — Il faut ici faire une distinction : si le bâtiment tient une route fixe, les irrégularités de direction produites par l'action de la mer ou du gouvernail sont des mouvements lents et incertains ; mais il n'en est pas de même des embardées prévues et ordonnées par le commandant pour faciliter le pointage, pour permettre à un plus grand nombre de pièces de découvrir, etc. Celles-là sont des mouvements rapides et certains et on s'exposerait infailliblement à manquer l'instant favorable si l'on n'attendait pas, comme pour les mouvements de roulis, que le mouvement du navire amenât la ligne de mire dans la direction de l'objet à battre.

CHARGE.

L'instructeur fait rentrer une pièce et y garde six hommes, un chef de pièce, un pourvoyeur, deux chargeurs et deux seconds servants.

CHARGEURS A LA VOLÉE.

Le chargeur de droite appuie sa main droite sur le croc du palan de côté, sa main gauche sur la volée et saute par dessus le palan et la brague, puis il fait un demi à gauche en effaçant le corps pour laisser passer l'écouvillon, le chargeur de gauche fait un mouvement semblable, il appuie sa main gauche sur le croc du palan de côté et sa main droite sur la volée. (Action.).

Passez l'écouvillon et le refouloir (un temps, deux mouvements).

1er *Mouvement.* — Le 2me de droite se baisse, prend la hampe de l'écouvillon de la main droite en dessous, la soulève, la dirige vers le sabord de manière à passer devant le chargeur en allongeant le bras droit de toute sa longueur vers la droite ; il se fend à gauche de la partie gauche, de 0m,50 environ, prend la hampe de l'écouvillon de la main gauche en dessus ; il se relève en joignant les talons et faisant glisser la hampe de l'écouvillon dans sa main droite, il le laisse au chargeur qui saisit la hampe près de la tête, la main droite en dessous, la main gauche en dessus. (Action).

2me *Mouvement.* — Le 2me de droite saisit la hampe du refouloir de la main droite en dessous, la soulève, la dirige vers le sabord de manière à passer devant le chargeur, en allongeant le bras droit de toute sa longueur vers la droite; il se fend à gauche de la partie gauche, de 0m50 environ ; prend la hampe du refouloir de la main gauche en dessous; il se relève en joignant les talons et lance le refouloir en le faisant glisser dans sa main droite, la hampe appuyée sur le seuillet du sabord entre les chargeurs; il retire sa main gauche, arrête la tête du refouloir en fermant sa main droite, se penche en avant, appuie sa main gauche sur la volée, jette la tête du refouloir à toucher l'essieu de l'avant et reprend son poste. (Action).

Ecouvillonnez (un temps, trois mouvements).

1er *Mouvement.* — Le chargeur de droite introduit la tête de l'écouvillon dans l'âme de la pièce ; le chargeur de gauche allonge le bras gauche et saisit la hampe en dessous, il a le bras droit appuyé sur la volée ; le chargeur saisit de même la hampe de la main droite en dessous et a le bras gauche appuyé sur la volée ; tous deux enfoncent l'écouvillon dans la pièce, le reprenant ensemble quand leurs mains touchent la bouche ; ils enfoncent doucement lorsque l'écouvillon est près d'être rendu et ont soin de ne pas faire frapper l'écouvillon au fond de l'âme pour ne pas écraser le tire-bourre. Quand il est rendu ils posent tous deux leurs deux mains en dessus sur la hampe. (Action).

2me *Mouvement.* — Ils tournent plusieurs fois l'écouvillon au fond de l'âme dans le sens convenable pour faire mordre le tire-bourre, c'est-à-dire de droite à gauche, le retirent en tournant dans le même sens ; le chargeur de gauche efface le corps et fait un demi à gauche en retirant ses mains ; le chargeur de droite saisit l'écouvillon de la main droite en dessous à moitié de la hampe et de la main gauche aussi en dessous à 0ᵐ40 de la tête ; il le ramène au-dessus de la volée en passant sous la bouche de la pièce, le frappe plusieurs fois en dévirant pour faire tomber les culots de gargousse et la crasse ; pour cela il le dirige obliquement, la tête de l'écouvillon se trouvant un peu en dehors de la tête du flasque de droite ; il frappe sur le bourrelet la partie de la hampe comprise entre ses deux mains, en soulevant et laissant tomber l'écouvillon et en le faisant tourner en même temps de gauche à droite. Il efface bien le corps pendant ce mouvement de manière à ne jamais masquer une partie de la bouche de la pièce. (Action).

3me *Mouvement.* — Le 2me de droite se fend en avant et à gauche de la partie gauche de 0ᵐ60 environ ; son genou gauche touchant le palan de côté ; il allonge le bras gauche de toute sa longueur, la main à hauteur de l'épaule et ployée la paume en l'air, le coude abaissé ; il étend le bras droit, la main près du pont supérieur et allongée la paume en dessous, le coude en l'air prêt à recevoir l'écouvillon. Au signal du chef de pièce le chargeur lance avec force l'écouvillon en dedans en faisant glisser la hampe dans sa main gauche et dirigeant ainsi le bout pour qu'il ne dévie pas. — Le 2me de droite le reçoit sur son poignet gauche, ou sur la saignée en ployant vivement le bras gauche; il saisit en même temps la hampe de la main droite et se fendant de la partie gauche il le pose snr le pont et reprend son poste. (Action).

Refoulez (un temps trois mouvements).

1er *Mouvement.* — Le chargeur de droite saisit la hampe du refouloir des deux mains en dessous, laisse la hampe appuyée sur le seuillet, la fait glisser dans ses mains jusqu'à ce que la tête touche sa main gauche, appuie cette tête contre le bourrelet sous la bouche sans la masquer ; il met la main droite devant la bouche de la pièce pour empêcher au besoin la charge de tomber. Dès que la charge est introduite, il enfonce la tête du refouloir dans la pièce : le 1er de gauche met la main gauche sur la hampe et tous deux, le corps bien effacé, enfoncent vivement la charge au fond de l'âme avec le refouloir par des mouvements successifs et à toute longueur de bras, en ayant soin d'appuyer fortement sur elle au dernier mouvement. Le chargeur s'assure qu'elle est rendue par la longueur de la hampe. Une marque qui est un clou à tête saillante ou une coche facile à sentir avec le doigt pendant la nuit vient affleurer la tranche de la bouche quand la charge est rendue. Cette marque est faite pour la charge au 1/4 ; la marque est donc un peu en dehors pour la charge au 1/3 et un peu en dedans pour la charge au 1/6.

Le chargeur prévient le chef de pièce que la charge est rendue en frappant de la main gauche à plat un coup sur la volée. Puis il allonge la jambe gauche sur la gauche, le pied à plat sous la volée, le poids du corps sur la partie droite, le genou droit ployé, le corps incliné en avant; il allonge le bras droit de toute sa longueur en retirant le refouloir qu'il tient la hampe en dessous ; il a le corps bien effacé, la main et le bras gauche entourant la volée, prêt à refouler. Le chargeur de gauche, dans une position semblable tient la hampe du refouloir de la main gauche, a le bras droit sur la volée et le pied droit croisant celui du chargeur de droite sous la volée. (Action).

2me *Mouvement.* — Les chargeurs refoulent deux coups, sans ployer le bras qui tient la hampe, en effaçant le corps et portant son poids sur la jambe qui est sous la volée ; ils se collent contre la volée, faisant face au sabord, leurs genoux doivent se croiser sous la volée. — Celui de gauche reprend son poste. Au signal du chef de pièce celui de droite se relève, fait un demi à gauche, retire le refouloir d'un seul coup, le saisit à moitié de la hampe de la main droite en dessous; et à environ 0^{m},40 de la tête, de la main gauche aussi en dessous, il le ramène au-dessous de la volée en passant sous la bouche de la pièce, effaçant bien le corps et les bras.

3me *Mouvement.* — Le 2me de droite prend la même position que pour recevoir l'écouvillon; le chargeur lui lance le refouloir comme il a lancé l'écouvillon et reprend son poste. — Le 2me de droite pose le refouloir sur le pont comme il a fait pour l'écouvillon et reprend son poste. (Action.)

POURVOYEUR A LA POUDRE.

Le pourvoyeur tient le gargoussier sous son bras gauche, la main gauche sur le couvercle pour l'empêcher de s'ouvrir. Il se rend au passage des poudres, laisse tomber son gargoussier vide dans la manche, s'approche du passage des gargoussiers pleins, en prend un et retourne à sa pièce en tenant son gargoussier de la même manière. Le pourvoyeur va toujours au pas de course.

Pour aller au passage et en revenir, le pourvoyeur doit toujours prendre le même chemin qui lui aura été indiqué par l'instructeur dû bord opposé à celui qui est armé et le faire toujours dans le même sens.

Si en arrivant au passage le pourvoyeur trouve d'autres hommes attendant de la poudre, il jette desuite son gargoussier dans la manche, puis se met en ligne derrière les autres pourvoyeurs, à son rang d'arrivée, pour recevoir le gargoussier plein à son tour et ne pas faire d'encombrement auprès des passages.

Le pourvoyeur doit savoir comment est peint le gargoussier de sa pièce, et ne pas prendre au passage un gargoussier peint d'une autre manière.

Les gargoussiers des divers calibres sont peints de la manière suivante :

Les couvercles sont noirs pour les canons; blancs pour les obusiers et canons obusiers; rouges pour les caronades.

Les corps des gargoussiers sont : noirs pour toutes les pièces des batteries armées, principalement de 30 N° 1; blancs pour le 30 N° 2; jaunes pour les 30 N° 3 ou canons obusiers de 16 c. m.; rouges pour les 30 N° 4 et caronades.

Revenu à sa pièce, le pourvoyeur reprend son poste face à la muraille derrière le 2e servant de gauche ; il tient de la main droite l'anneau du couvercle du gargoussier, paré à l'ouvrir. (Action.)

La charge dans le canon (à boulet).

Le pourvoyeur fait un demi tour à droite, ouvre le gargoussier, prend la gargousse et la montre au chef de pièce, puis il la présente au 1er de gauche qui la prend par le collet et la place dans la pièce le culot le premier.

Le pourvoyeur referme le gargoussier dès que la gargousse est sortie et retourne à la poudre.

Le chef de pièce regarde si la charge que lui montre le pourvoyeur est bien celle qui a été ordonnée ; il reconnaît les gargousses à leur grosseur et à la marque qui est peinte autour. Il empêcherait de mettre dans la pièce toute charge qui serait d'un autre calibre ou différente de celle ordonnée.

Il doit savoir qu'il y a trois charges pour les canons Nos 1 et 2 : le 1/3, le 1/4 et le 1/6 du poids du boulet.

Deux pour le N 3, le 1/5 et le 1/6.

Une pour le No 4, le 1/6.

Une pour la caronade, le 1/9.

Une pour les obusiers de 22 c.

Deux, une grande et une petite pour le canon de 50 et le canon obusier de 16 c.

« Le deuxième de gauche fait demi-tour, prend derrière lui des deux mains un boulet et son valet et les présente au 1er de gauche qui les prend des deux mains et les met dans la pièce le boulet le premier. Pendant ces mouvements le 1er de droite tient la main droite devant la bouche de la pièce pour empêcher la charge d'en sortir. Aussitôt qu'elle est introduite, le 1er de droite présente la tête du refouloir à la bouche de la pièce.

La charge dans le canon (à obus).

Le 2e et le 3e de gauche pour les obusiers, le 2e de gauche seulement pour les autres pièces vont chercher au passage la boîte qui contient l'obus et la placent sous la volée entre les chargeurs.

Le 1er de gauche se baisse, enlève le couvercle de la boîte et le passe au 2me servant qui le pose derrière lui. Aidé du 1er de droite, il enlève l'obus de sa boîte et le place dans le canon, le sabot le premier, et la fusée bien au milieu. Le 1er de droite décoiffe la fusée en arrachant de la main droite une lanière sur laquelle est collée son enveloppe tandis qu'il maintient l'obus de la main gauche. Le 1er de gauche met ensuite sur l'obus le valet qui lui est remis par le 2me servant et place la main gauche devant la bouche de la pièce.

Les chargeurs devront apporter le plus grand soin à ne point frapper contre la volée de la pièce la fusée de l'obus.

Si l'obus employé est à percussion et sans boîte, la charge se fera comme avec un boulet. — L'obus sera mis dans la pièce le sabot le premier ; le valet est amarré d'avance sur l'obus.

L'instruction finie, les hommes devront participer aux exercices des arrières et faire successivement :

L'exercice au détail,
— par temps,
— par commandement,
— A volonté,
— Des deux bords.
Exercice du tir convergent.